AF267960

# SAINT-SIMON

## ET SON ÉPOQUE,

LECTURE FAITE A L'ACADÉMIE DU GARD,

DANS LA SÉANCE DU ………… 1854,

## PAR M. DE DAUNANT Aîné.

NIMES,

IMPRIMERIE C. DURAND-BELLE, PLACE DU CHATEAU, 10.

—

1855.

# SAINT-SIMON

## ET SON ÉPOQUE.

Depuis quarante ans l'histoire, celle de France en particulier, a été plus étudiée, et, on peut l'affirmer, mieux étudiée. Les matériaux ne manquaient pas ; mais ils restaient, pour la plupart, enfouis dans les bibliothèques et les archives. Il s'agissait de les en tirer et de les mettre en œuvre. Pour accomplir cette double tâche, il fallait unir la patience et la sagacité de l'explorateur, au talent de l'historien. C'est ce qu'ont fait avec succès plusieurs écrivains qui jouissent d'une grande et juste célébrité en Europe. Il suffit de citer les noms de MM. Guizot, Augustin Thierry, Thiers, Mignet, pour prouver que la France n'est pas restée en arrière du mouvement qui, depuis plusieurs années, a amené de si grands progrès dans les sciences historiques.

Si, maintenant, les faits généraux sont mieux connus, si les actes officiels ont été mis au jour, il faut cependant à l'historien quelque chose de plus intime pour bien faire connaître une époque, pour en faire revivre les personnages de leur vie réelle. Il n'y parviendra qu'à l'aide des correspondances intimes et des mémoires contemporains ; mais toutes les époques ne sont pas également riches en documents de cette nature. Dans la dernière moitié du xvi^me siècle et dans la première du xvii^me, les mémoires abondent ; ils sont, en général, écrits par des individus qui ont pris une part considérable aux affaires publiques. A dater de la fronde, les hommes politiques livrent beaucoup moins au public le secret de leurs actes, de leurs souvenirs, de leurs pensées ; il s'est certainement rencontré, à toutes les époques de grands troubles, des hommes un peu ressemblants au cardinal de Retz, probablement avec moins d'esprit, mais animés, comme lui, du désir de brouiller les affaires, soit pour satisfaire un ressentiment, soit pour en tirer un avantage personnel ; mais, dans nos 64 ans de révolutions, nul de nos brouillons politiques n'a, que je sache, jugé convenable de se dévoiler avec la même franchise. Si nous n'avions que ce reproche à leur adresser, il n'y aurait pas lieu, en vérité, d'user de sévérité à leur égard.

Quoiqu'il en soit, il est certain que, depuis la fronde jusqu'à la mort de Louis XIV, les mémoires sont devenus plus rares ; ils revêtent aussi un caractère plus spécial. La plupart d'entr'eux sont exclusivement militaires ou diplomatiques. On regrette aussi trop souvent de n'y plus trouver cette franchise et cette originalité qui nous attachent à la lecture de ceux de Lanoue, de Montluc, de l'Estoile, de Bassompière, du cardinal de Retz, et même de ceux de Sully, malgré leur forme étrange. Un seul écrivain de cette seconde époque balance et surpasse même ses devanciers ; c'est Saint-Simon, dont nous ne connaissons les mémoires complets que depuis vingt-cinq ans ; ces mémoires, il est vrai, ne renferment qu'une période de trente-trois ans, de 1691 à 1724 ; il est encore vrai que ce ne fut que de 1715 à 1724 que Saint-Simon prit une part directe aux affaires publiques. Pendant les vingt-quatre dernières années du règne de Louis XIV, il ne fut que confident ou spectateur ; mais il est si bien renseigné, même sur les faits qui se sont passés avant lui, et d'ailleurs si excellent observateur, qu'à moins que la passion ne l'égare, on peut tenir pour vrai tout ce qu'il affirme, à bien peu d'exceptions près.

Haineux et passionné, comme il l'avoue lui-même, ne craignant pas de flétrir des hommes publics dont les familles existent encore, jugeant avec une extrême sévérité Louis XIV et son gouvernement, Saint-Simon a dû être, à son tour, l'objet de censures et d'apologies passionnées. Les apologistes sont évidemment de beaucoup les plus nombreux. J'oserais même dire qu'il y a, par fois, un peu d'excès dans l'éloge. En ceci, comme en beauconp d'autres choses plus importantes, la mesure a été dépassée. Dans un petit écrit très-substantiel, intitulé : *de l'Autorité des Mémoires de Saint-Simon*, M. Gaston Boissier, professeur de rhétorique au Lycée de Nimes, apprécie avec une grande sagacité Saint-Simon, comme historien, écrivain et homme politique. J'avais préparé pour l'Académie un rapport sur cette brochure ; mais des réglements que je dois respecter, tout en en déplorant la sévérité, m'interdisent de rendre compte à l'Académie d'un ouvrage de l'un de ses membres. Je m'en abstiendrai donc, et cependant il m'est impossible de ne pas dire, comme introduction à cette lecture, que la pensée m'en fut principalement inspirée par le désir de manifester, soit mon adhésion aux jugements de M Boissier, soit quelques différences qui existent entre ses appréciations et les miennes.

## PREMIÈRE PARTIE.

A première vue, le caractère et les idées politiques de Saint-Simon semblent devoir infirmer son autorité comme historien ; il est, en effet, comme l'attestent ses mémoires et sa biographie, systématique, opiniâtre, passionné, irritable. Ses idées politiques tendraient à rendre l'autorité de ses mémoires encore plus suspecte. Il semble ne voir qu'un seul ordre dans l'Etat, la noblesse, et dans la noblesse, que la duché pairie, dignité à peu près purement honorifique, donnant seulement le droit de siéger au Parlement, et dont nul titulaire, lui excepté, n'avait songé, depuis bien des siècles, à réclamer les prérogatives ; il y était personnellement d'autant moins fondé, que son père, jusqu'alors obscur gentilhomme, tenait cette dignité d'un caprice de Louis XIII, qui avait récompensé, dans ce jeune homme, sa dextérité à lui présenter un cheval, comme il avait récompensé dans Albert de Luynes, par l'épée de connétable, son habileté à dresser des pies-grièches. Si on tient compte, enfin, des motifs de mécontentement plus ou moins fondés de Saint-Simon, contre le gouvernement de Louis XIV, si on songe qu'à 27 ans il quitta le service militaire, parce qu'il n'avait pas été compris dans la dernière promotion des

Brigadiers de cavalerie, que pendant le reste du règne, c'est-à-dire, jusqu'à l'âge de 40 ans, il n'occupa aucun autre emploi, quoiqu'il eût de l'ambition, et qu'il se sentit de la capacité, on le croira de plus en plus fondé à croire qu'il a écrit sous l'empire de ses idées et de ses ressentiments, plutôt que dans l'intérêt de la vérité.

Et, cependant, cette conclusion ne serait pas juste. Saint-Simon est quelquefois, il est vrai, exagéré et emporté dans ses jugements; mais il est vrai dans les faits. Si sa haine contre certains hommes l'entraîne à charger leurs portraits de couleurs fausses, à force d'être noires, du moins il n'invente rien à l'appui de ses exagérations, qui s'atténuent ou se détruisent souvent d'elles-mêmes par la futilité du reproche.

C'est qu'en effet Saint-Simon, avec tous ses défauts, était cependant un homme profondément vertueux, très-religieux, quoique ne pouvant souffrir le gouvernement et l'influence des ecclésiastiques, ne sacrifiant jamais sa dignité propre à ses idées d'ambition ou d'orgueil. De pareilles qualités, jointes à un admirable talent d'observation, sont des garants suffisants de la véracité de l'historien.

Quant à ses jugements sur les hommes, il faut, sans doute, ne les adopter qu'après examen; mais on ne peut guère lui reprocher d'avoir cherché à flétrir les grands caractères et à relever les méprisables. Il peint sous de noires couleurs le duc de Vendôme, et en cela il est injuste. Il l'est encore quand il lui refuse quelques qualités du grand capitaine; mais il a dû justement flétrir ses honteuses et publiques débauches, et surtout cette paresse incurable qui lui fit plus d'une fois hasarder le salut de son armée pour ne pas dérober une heure à ses longs sommeils et à ses longs repas. Le duc du Maine n'était pas non plus un monstre. Le soupçon que jette Saint-Simon sur lui , d'avoir empoisonné les enfants de France , est vraiment odieux. Le duc du Maine ne fut pas plus coupable de ce crime imaginaire que le duc d'Orléans , contre lequel s'élevèrent alors des soupçons presque universels. Ces réserves faites , l'histoire doit à ce triste élève de Mme de Maintenon , une epithète un peu plus énergique que celle de faible ou de débonnaire. Dépourvu de toute espèce de courage , même du courage militaire , si commun parmi les Français, il ne posséda qu'un talent, celui de l'intrigue : c'est par elle qu'il parvint à être élevé, lui, issu d'un double adultère , au rang et aux droits des princes du sang , et à se faire investir , par le testament de Louis XIV, d'un pouvoir égal ou même supérieur à celui du Régent lui-même.

Le portrait du duc de Noailles est évidemment aussi fort chargé. C'était un homme d'esprit , ayant de la capacité en affaires, avec un caractère comme on en voit beaucoup. Un peu dévot sous Louis XIV ; sous le Régent, entretenant une fille d'opéra , et chancelant un peu quand il entrait au Conseil , le tout pour se conformer au ton de l'époque et aux habitudes du maître : *il marchait avec grâce , dit M.* de Lacretelle, *entre l'hypocrisie et le scandale* : s'il n'y a pas là de quoi justifier la haine furieuse de Saint-Simon, il n'y a pas non plus de quoi l'en trop irriter.

C'est envers Villars qu'il est vraiment injuste ; ce grand capitaine se vantait un peu trop , faiblesse bien excusable ; il faisait à la guerre des profits illicites, reproche plus grave, quoique ces profits fussent un peu autorisés par l'usage, et même par l'assentiment tacite de

Louis XIV, à qui le Maréchal écrivait que, dans un pays ruiné, il avait cependant trouvé le moyen d'*engraisser son veau* ; mais Villars, par son intrépidité et son génie militaire, releva l'honneur de la France à une époque si féconde en désastres. Il fit plus, il la saúva. Voilà ce que Saint-Simon n'aurait jamais dû oublier, au lieu de rechercher malignement si quelques ombres n'obscurcissaient pas ces grandes actions.

Il y a encore quelques réserves à faire en ce qui concerne Louis XIV. J'en parlerai plus loin ; mais, cela dit, je ne pense pas qu'on puisse taxer d'infidélité, ni même d'exagération, les principaux portraits tracés par Saint-Simon ; il n'est que juste envers Villeroy, Lafeuillade, Dangeau, et tant d'autres courtisans. J'oserais même dire qu'il l'est envers Mme de Maintenon, dont l'influence coïncide d'une manière si malheureuse avec la décadence du règne. Quant à Vauban, Catinat, Boufflers, quant aux ducs de Beauvilliers et de Chevreuse, il dessine leurs portraits avec grandeur, et trouve pour eux de magnifiques éloges. Il en trouve de semblables pour Bossuet et Fénélon ; il sait admirer, quoiqu'on en ait pu dire, mais il n'est pas panégyriste ; il reste toujours historien.

Il n'y a qu'une voix sur son mérite d'écrivain. Chez lui, la pensée est rendue avec vivacité, énergie et originalité, si le coloris est quelquefois un peu trop vif, il est au moins presque toujours vrai. Et, cependant, peut-on l'absoudre complètement d'une incorrection de style, poussée parfois au point de rendre la pensée obscure, tant la phrase est mal faite ? Tacite, auquel on le compare quelquefois, n'a pas, que je sache, de pareils défauts ; il est évident qu'en s'affranchissant du devoir d'écrire correctement, on se donne plus de facilité pour rendre sa pensée ; mais on reste inférieur aux écrivains qui ont su unir la correction du style à l'énergie de l'expression et à la vivacité du coloris.

Le style des mémoires de Saint-Simon nous retrace-t-il, comme paraissent le croire quelques critiques, la langue parlée des sallons du xvii^me siècle ? Je ne le pense pas. Les lettres de M^me de Sévigné, celle de M^me de Maintenon, les romans de M^me de Lafayette, les souvenirs de M^me de Caylas me paraissent être la reproduction la plus vraie et la plus élégante du style des sallons de cette brillante époque, de même que Bussy et Hamilton en retracent toute la corruption, comme aussi parfois l'elégance. Mais il n'y a rien de commun entre le style de Saint-Simon et celui de ces écrivains, encore moins avec celui du journal de Dangeau, expression plate et commune des impressions du courtisan qui, par dévouement ou servilité, se dispense d'avoir une idée à lui appartenant. Quant aux mémoires politiques de Feuquières, Torcy, Villars, Berwick, Louville, etc., rien, dans leur rédaction, ne rappelle l'originalité et l'énergie de Saint-Simon. En général, à la Cour de Louis XIV, hommes et femmes parlaient et écrivaient naturellement, correctement, et souvent avec élégance ; mais les tours originaux, les expressions trouvées semblent plutôt le partage de l'époque où écrivaient Corneille, Pascal, le cardinal de Retz, que de celle où vivait Saint-Simon. L'oracle de sa société intime était Fénélon, et quoi-qu'il y eût entr'eux un peu de conformité dans quel-ques vues politiques, rien ne se ressemble moins que leurs styles ; il est donc permis de croire que Saint-Simon ne reproduit nullement dans ses mémoires la langue des sallons qu'il fréquentait.

C'est qu'en effet il n'était pas l'homme de son siècle ; il y tenait, sans doute , par quelques bons et quelques mauvais côtés. Il avait les préjugés de la naissance encore plus enracinés chez lui que chez les autres grands seigneurs de son temps ; il était religieux , plus véritablement qu'on ne l'était alors ; mais il avait surtout de la fierté et de l'indépendance dans le caractère , ce qu'on n'avait pas à la Cour de Louis XIV ; il avait une opinion à lui sur les hommes et sur les choses ; il ne se croyait pas obligé d'asservir ses principes et sa conduite à ceux du maître ; il n'avait été ni ébloui par l'éclat du règne , ni assoupli par son despotisme. Voilà , à mon avis , ce qui donne un grand intérêt à ses mémoires , ce qui a fait leur vrai et légitime succès. S'il n'avait fait que reproduire les sentiments et les idées de son temps , il ne nous aurait guère donné, avec plus d'esprit , qu'un journal assez ressemblant à celui de Dangeau. Son style a été original , parce que son esprit , son caractère et ses opinions l'étaient.

Il existe encore , parmi les détracteurs et même parmi quelques admirateurs de Saint-Simon, une appréciation d'une nature beaucoup plus grave que je suis loin de partager. Ils pensent qu'à travers les censures passionnées de l'écrivain , on entrevoit la grandeur du siècle qu'il s'efforce de dénigrer. Il veut être le détracteur de son siècle , et il en est , disent-ils , à son insu , le panégyriste involontaire.

Telles ne sont pas mes impressions. A l'époque dont Saint-Simon retrace l'histoire, et qui comprend les vingt-quatre dernières années de Louis XIV, quelques hommes éminents, en très-petit nombre, apparaissent encore. Louis, lui-même, malgré ses fautes, n'a pas perdu tous ses titres au nom de *Grand*, que lui donnèrent ses contemporains ; mais l'époque, prise dans son ensemble, ne participe plus à ces restes de grandeur, et Saint-Simon l'a décrite telle qu'elle était, *dégénérée*.

A l'appui de cette opinion, je serai obligé de rappeler sommairement quelques faits historiques, en demandant pardon à l'Académie de l'entretenir de ce qu'elle sait mieux que moi ; mais elle n'a, sans doute, pas espéré, en voulant bien écouter cette lecture, de recueillir beaucoup d'idées et de faits nouveaux ; et, d'ailleurs, est-il toujours inutile de revenir sur le passé, au risque de se répéter? A notre époque vieillie, faute d'idées nouvelles, on débite beaucoup de paradoxes. Ne s'est-on pas dernièrement avisé de faire l'apologie de la révocation de l'édit de Nantes, et même un peu de l'inquisition, sans doute pour faire la contre-partie des écrivains qui ont voulu réhabiliter 93, malheureusement avec plus de succès sur les masses ignorantes que l'éloge du fanatisme et du pouvoir absolu n'en aura sur les hommes éclairés. N'oublions pas, toutefois, que beaucoup de paradoxes, faute d'être suffisamment réfutés, finissent par prendre, en quelque sorte, droit de bourgeoisie, et figurent, pour un temps du moins, au nombre des idées reçues.

## DEUXIÈME PARTIE.

Le règne de Louis XIV commence en 1643, mais son gouvernement ne date que de 1661, époque de la mort de Mazarin, et où Louis prit la résolution virile de gouverner par lui-même. Les cinquante-quatre années de ce gouvernement, de 1661 à 1715, se partagent en deux parties presque égales : la première, mélée de quelques taches, est une époque de grandeur et de prospérité. La seconde, où pénètrent encore quelques rayons de l'ancienne gloire, est une époque de décadence et de misère.

Mazarin avait laissé la France puissante et considérée au dehors, mais il n'avait rien fait pour son administration intérieure. Les finances étaient en proie au pillage ; lui-même, donnant l'exemple des déprédations les plus effrénées, avait laissé à ses héritiers une fortune qu'on ne peut guère évaluer à moins de deux cents millions de notre monnaie ; c'était au moins deux années du revenu de l'Etat, autant du moins que ce revenu peut être approximativement estimé. Le surintendant Fouquet puisait à pleines mains dans le trésor pour lui et ses complaisants ; on comblait le déficit annuel par des retranchements de rentes, des créations de nouvelles charges, ou par des impôts temporaires affermés à des traitants. Nulle administration des provinces, nulle police, point de routes, point d'industrie, par conséquent peu de commerce extérieur, presque pas de marine, des armées braves, mais mal payées et mal disciplinées. Si on en excepte les dix dernières années du règne trop court d'Henri IV, c'était, à vrai dire, à peu près l'état normal de la France, de temps immémorial. La royauté, en brisant les résistances féodales, avait bien ramené la France à ce régime d'unité qui est son principal élément de force ; mais le temps et peut-être aussi le génie lui avaient manqué pour le régulariser. Richelieu l'aurait fait, peut-être, s'il n'avait été atteint par une mort prématurée. Mazarin, comme je l'ai dit, ne paraît pas y avoir songé.

Louis XIV eut le mérite et la gloire, non pas simplement de rétablir, mais de créer en France les finances, l'administration, l'industrie, la marine, la discipline de l'armée, en un mot, tout ce qui fait la force réelle de l'Etat ; il y a, toutefois, des réserves à faire pour l'agriculture.

Il ne créa pas plus les grands écrivains qui illustrèrent son règne, que Périclès, Auguste et les Médicis n'avaient créé ceux qui ont rendu leur nom immortel ; mais il a mérité, comme eux, de donner son nom à son siècle, en couvrant ces grands écrivains de ses bienfaits et de sa haute protection, et en admettant plusieurs d'entr'eux presque dans son intimité. Le génie de Corneille avait résisté, il est vrai, à la double attaque de Richelieu et de l'Académie, ainsi que Boileau l'a exprimé en de si beaux vers. Pascal, en butte à la haine d'une puissante congrégation, n'avait recherché ni connu la faveur des grands ; Lafontaine n'eut aucune part aux pensions que Louis XIV accordait souvent aux auteurs les plus médiocres ; mais il est permis de croire que, sans l'appui de Louis XIV, l'ame tendre et trop promptement découragée de Racine n'aurait pas résisté aux dégoûts que lui suscitèrent l'ignorance et l'envie ; que, sans cette haute protection, Molière n'aurait pas osé attaquer les faux dévots, qu'il n'aurait pu arriver à la hauteur *du Misanthrope*, *des Femmes Savantes*, *du Bourgeois Gentilhomme*, où brille une connaissance si parfaite des mœurs de la haute et moyenne société, si Louis XIV ne lui en avait facilité l'accès en lui donnant une charge auprès de sa personne. La haute position de Bossuet, auprès du Roi et du Dauphin, n'a-t-elle pas été l'occasion du discours sur l'histoire universelle et de plusieurs des oraisons funèbres ?

On peut objecter, avec assez de fondement, que rarement de pareilles faveurs sont désintéressées, que lorsque la protection royale vient en aide au génie, c'est, le plus souvent, aux dépens de son indépendance ; on peut faire cette remarque en littérature comme en politique, sous le règne de Louis XIV comme sous celui d'Auguste ; mais Louis avait le sens droit, et même, à certains égards, l'esprit libéral, du moins dans la première moitié de son règne ; non-seulement il imprima la direction du bon sens à la littérature qu'il protégeait, mais il comprit qu'il devait lui laisser un peu de cette liberté qu'il enlevait à la politique. Ainsi, tout considéré, et quoique le contraire ait été souvent soutenu ( notamment dans un article récent de la *Revue des deux Mondes* ), je crois que son intervention a été beaucoup plus avantageuse que nuisible aux lettres françaises.

C'est à l'éclat de ce règne, autant qu'à l'excellence de sa littérature, qu'on doit attribuer cette universalité de notre langue, qui ne fit que s'accroître dans le siècle suivant ; elle tend maintenant à diminuer, soit parce que les anciens auteurs étrangers ont été mieux connus et appréciés, soit parce que de nouveaux écrivains ont apporté de nouvelles richesses aux littératures étrangères, soit enfin, il faut bien le dire, parce que, répudiant notre plus belle et notre plus légitime gloire, nous affectons nous-mêmes, depuis trente ans, de rabaisser le mérite de nos immortels écrivains, essayant de substituer au culte du beau et du vrai, qu'ils ont pratiqué, celui de l'absurde et de l'ignoble. Je demande pardon à l'Académie de cette petite digression, qu'elle voudra bien excuser à cause de mon âge.

Ce ne sont pas seulement les poètes et les orateurs

qui ont illustré cette grande époque, mais les capitaines, les ministres, les diplomates. Louis XIV brillait surtout par la première faculté d'un Roi, le discernement. Il est vrai de dire que, par l'effet de causes qui sont rarement parfaitement connues, il y a des époques fertiles en grands hommes, et il y en a de stériles. A la fin du règne de Louis XIII, et pendant la minorité de Louis XIV, en même temps que notre langue se formait et que nos grands écrivains publiaient leurs premiers chefs-d'œuvre, de grands capitaines illustraient nos armes, plus qu'à une autre époque de l'histoire, et des diplomates, formés par Richelieu et par Mazarin, conduisaient avec éclat et habileté les affaires extérieures ; mais il ne suffit pas que les grands hommes existent, il faut les discerner, et Louis XIV sut le faire.

Il ne corrigea pas les mœurs de son siècle ; il lui donnait pour cela trop mauvais exemple ; mais il commanda plus de dignité aux hautes classes, et leur donna des habitudes élégantes, sans détruire cependant tout-à-fait quelques vices ignobles, quelques habitudes féroces ou grossières qui n'avaient fait que s'accroître par le désordre des guerres civiles.

Là marine fut créée, et la France, pendant vingt ans, fut maîtresse des mers. L'armée fut organisée et disciplinée.

Tous les autres bienfaits de cette administration forte et éclairée ont été si souvent retracés, que je ne les rappelerai pas.

Je passe au mauvais côté de cette même époque.

François Ier avait, le premier, inauguré une politique extérieure avantageuse à la France, quoique dirigée par lui sans beaucoup d'habileté ni de succès ; elle avait pour but l'abaissement de la Maison d'Autriche, qui, réunie sous Charles-Quint, divisée après lui en deux branches, gouvernait sous son double sceptre la moitié de l'Europe, et dominait l'autre par sa puissante ambition. Outre les craintes fondées que pouvait avoir la France de devenir, en quelque sorte, vassale de l'empire, il faut reconnaître que la civilisation européenne n'avait qu'à gagner à l'abaissement de Charles-Quint, et surtout de ses successeurs. Un despotisme sombre, ignorant et fanatique régissait l'Espagne et les pays de sa domination. Le gouvernement Autrichien ne se montrait guère plus libéral envers l'Allemagne, qui s'épuisait en vains efforts pour maintenir ses libertés menacées.

La politique de François I<sup>er</sup>, suivie par son fils avec le même mélange de succès et de revers, interrompue pendant les guerres civiles, allait être reprise par Henri IV, lorsque le fer d'un assassin vint trancher ses jours; mais, quinze ans plus tard, Richelieu exécutait avec vigueur les projets d'Henri IV, et Mazarin, au milieu même des troubles de la fronde, restait fidèle à la même politique; elle était à la fois habile et généreuse; c'était la protection des faibles, c'est-à-dire, des états secondaires de l'Allemagne, de la Hollande, de la Suisse, de la Suède, et l'abaissement des puissances prépondérantes. Les efforts prolongés de la France furent dignement couronnés par le traité de Wesphalie, en 1648, et celui des Pyrennées, en 1659.

Lorsque Louis XIV commença à gouverner par lui-même, il trouva donc la France puissante, respectée, je dirai presque aimée au dehors. Si la conquête de la Franche-Comté, entreprise sans de sérieux motifs, fut contraire aux règles de la morale, elle ne le fut pas du moins à celles de la politique; mais l'expédition contre la Hollande fut contraire à la fois à la politique et à la morale. Depuis un siècle ce petit état s'était affranchi, après des efforts inouis, du joug odieux de l'Espagne ; ses habitants avaient créé, non-seulement leur indépendance, mais leur territoire même, qu'ils avaient en partie arraché à la mer. Longtemps victimes, de la persécution, ils n'en avaient pas donné l'exemple, et la tolérance florissait chez eux. Dépourvus de forces territoriales, ils ne pouvaient donner aucune inquiétude à l'Europe, dont ils étaient devenus les facteurs maritimes. Leur commerce était protégé par une puissante marine qui tenait en échec celle de l'Angleterre.

Leur indépendance avait été, sinon fondée, du moins consolidée par les longues guerres de la France contre les deux branches de la maison d'Autriche et par les traités conclus à la suite de ses victoires. Une amitié fondée sur des intérêts et des services réciproques ne semblait pas devoir être jamais troublée. Lorsque Louis XIV rassemblait une puissante armée pour envahir leur petit territoire, ils se refusaient à croire à la réalité d'une attaque dénuée de tout prétexte ; ils offrirent la réparation d'offenses qu'ils ignoraient et qu'on ne voulait pas leur faire connaître. Louis XIV n'en put préciser une seule, et l'histoire, à défaut de manifestes émanés de lui, a parlé d'une prétendue médaille frappée, dit-on, par un citoyen hollandais, et dans laquelle il voyait, dit-il, une allusion injurieuse. Les historiens ont condamné cette expédition ; ils auraient dû la flétrir. Des actes pareils à l'invasion de la Hollande par Louis XIV, à celle de l'Espagne par Napoléon, sont plus que des fautes politiques ; ce sont de graves atteintes aux lois de la morale et de l'humanité.

Les conséquences devaient en être funestes à la France. Le parti républicain Hollandais, qui s'en était toujours montré l'ami dévoué, succomba sous la réprobation publique. Ses illustres chefs, les deux frères de Wit, furent égorgés ; et sur les ruines de ce parti s'éleva et grandit Guillaume, prince d'Orange, qui devait devenir l'ennemi le plus redoutable de Louis XIV. De ce jour, le peuple Hollandais voua une haine implacable à la puissance dont il avait été, jusqu'alors, le fidèle allié ; de ce jour aussi les allarmes de l'Europe furent excitées au point de donner lieu à une première coalition dont Louis triompha cette fois, il est vrai, et à laquelle il put dicter la paix. Les conditions en furent très-avantageuses à la France, et toutefois modérées. Elle y acquis des limites qu'elle ne devait plus perdre.

Résumons en quelques mots : pendant les vingt premières années de son gouvernement, Louis XIV a organisé le pays fortement et habilement. Par une protection et des choix éclairés, il a contribué à le doter de tous les genres de gloire. Il a, il est vrai, par une entreprise coupable, dérogé aux vieilles et saines traditions politiques, et s'est aliéné quelques-uns des anciens amis de la France ; mais il n'a pas abusé de la victoire. Tout peut se réparer encore avec de la modération. Si son règne, qui ne finit qu'en 1715, s'était terminé quelques années après 1678, époque du traité de Nimègue, il aurait laissé sans contestation la mémoire d'un très-grand Roi, et même d'un bon Roi.

Les trente années qui devaient s'écouler encore ont un peu compliqué la question.

## TROISIEME PARTIE.

Un fait remarquable se reproduit souvent dans notre histoire, à des époques très-diverses. Après de longues guerres , après des années de troubles , la nation, fatiguée , semble perdre toute pensée de liberté politique , et confie au seul pouvoir royal le soin de défendre son indépendance ou de veiller à sa sûreté intérieure, sans exiger de lui aucune garantie. S'il y a, dans la reproduction fréquente d'un pareil expédient, quelque chose qui accuse , jusqu'à un certain point, notre caractère national , il faut reconnaître aussi que la royauté a mérité cette confiance en fondant l'unité française sur les ruines de la domination étrangère et de la tyrannie féodale ; mais il ne faut pas se dissimuler non plus que les peuples qui, pour assurer leur repos , livrent à un seul homme ce que la Providence leur a départi de liberté , doivent s'attendre à ce que leur grandeur ou leur misère dépendent le plus souvent des qualités ou des imperfections du dépositaire uuique de la puissance publique ; il peut même arriver que, par suite de la mobilité du caractère de l'homme , et quelquefois même de son âge ou de son tempérament , ces alternatives de bon et de mauvais gouvernement se retrouvent dans le même règne.

C'est ce qu'on vit sous Louis XIV. Après la paix de Nimègue , la France était au comble de la grandeur ; elle s'en énorgueillissait , comme son Roi. A la suite de l'enthousiasme vient la flatterie , qui lui survit le plus souvent ; elle fut alors poussée à un degré inoui. Louis reçut des hommages qui ne devaient s'adresser qu'à la divinité. Si la raison et surtout la religion viennent ramener l'homme du rang le plus élevé à des sentiments plus vrais et plus humbles , ce concert de louanges sincères ou intéressées , mais unanimes , doivent plus souvent l'égarer. Le bon sens naturel de Louis XIV n'y put résister , tout lui avait réussi ; plus d'opposition au dedans ; chez ses voisins une crainte respectueuse. La terreur de ses armes était telle , que les conquêtes s'opéraient sans leur concours. Des arrêts de Cours souveraines suffisaient pour réunir l'Alsace. Louis crut alors pouvoir commander à tout ; même à la conscience de ses sujets , même au souverain Pontife , avec lequel , malgré ses sentiments religieux , il eut des torts graves dans l'affaire du droit d'asile ; c'est à cette même époque qu'il commit un acte d'une barbarie révoltante , le bombardement de Gênes , exécuté pour des motifs aussi peu sérieux que ceux de l'invasion de la Hollande (1).

De tous les actes violents et irréfléchis auxquels se livra Louis XIV , celui qui entraîna les conséquences les plus graves fut , sans contredit , la révocation de l'édit de Nantes. Tout a été dit sur cette mesure ; je n'y reviendrai pas. On a prétendu , pour l'excuser , qu'elle était conforme aux idées du siècle ; il est vrai qu'à cette époque , chez les protestants comme chez les catholiques , la tolérance était un principe peu connu et encore plus mal pratiqué ; mais ici il y avait des engagements formels pris par les deux prédécesseurs de Louis XIV et par Louis XIV lui-même. Les protestants qui , sous Louis XIII , avaient eu le tort

_______

(1) Une expédition du même genre , mais plus digne de lui et de la France , eut lieu dans le même temps. Louis XIV, en faisant bombarder Alger , vengeait l'Europe des attentats jusqu'alors impunis de ces barbares, attentats dont la France, un siècle et demi après , devait obtenir une réparation plus éclatante et plus durable.

très-grave de s'engager dans les guerres civiles, en avaient été punis par la perte de priviléges, incompatibles d'ailleurs avec l'unité de l'administration. Tout le surplus de l'édit d'Henri IV avait été confirmé. Depuis cinquante-sept ans ils n'étaient plus que des sujets paisibles, enrichissant la France par une pratique éclairée des arts, de l'industrie et de l'agriculture. Pendant les troubles de la fronde, ils étaient restés inébranlablement unis au parti du Roi. Louis XIV l'avait reconnu lui-même dans le préambule d'un de ses édits. Les annales du temps ne nous apprennent pas non plus qu'il ait existé, pendant la même époque, des collisions entr'eux et les catholiques. Nulle nécessité, pas même celle de l'opinion, ne justifiait donc cette mesure. On l'approuva et on la célébra dans des harangues, comme alors on approuvait et on célébrait tout ; mais cette approbation n'avait aucun caractère de ces sentiments violents qui, un siècle auparavant, entraînaient souvent les Gouvernements, contre leurs intérêts ou leurs inclinations, à la suite de l'opinion populaire. L'impulsion vint ici du Roi ou de ses conseillers intimes. Ce fut un acte de pouvoir absolu et capricieux plus que de fanatisme.

Si la France s'appauvrit par la perte de trois ou quatre cents mille de ses enfants, de beaucoup de capitaux et de plusieurs de ses plus précieuses industries, son influence et sa puissance extérieures en ressentirent un contre-coup bien plus grave encore. Les états secondaires protestants se séparèrent d'elle plus complétement ; mais ce furent surtout les relations avec l'Angleterre qui, par cet événement, furent plus profondément atteintes. Depuis un grand nombre d'années, la conduite de Louis XIV, avec cette puissance, avait un caractère que la politique peut absoudre, mais que la probité et peut-être la saine raison condamnent. Les deux derniers Stuart, gênés par les formes constitutionnelles, recevaient une pension de Louis XIV; à leur insu, il stipendiait aussi quelques-uns des principaux chefs de l'opposition, et entretenait ainsi, par cette double action, une lutte qui paralysait les forces du pays; mais lors de l'édit de Louis XIV, contre les protestants, le zèle de leur co-religionnaires anglais fut excité au point de rendre presque unanime l'opposition contre le roi Jacques, qu'on supposait, avec assez de raison, favorable aux vues du monarque français; dès lors la chute de l'imprudent Jacques II devint imminente. Trois ans après, son gendre débarquait en Angleterre, dont la population presque entière accourait sous ses drapeaux, tandis que son beau-père était réduit à chercher un asyle en France.

Ce gendre était Guillaume de Nassau, prince d'Orange, stathouder de Hollande, qui avait puisé dans le souvenir de l'invasion française des sentiments de haine, dont les effets ne devaient pas tarder à se faire sentir, Saint-Simon nous apprend toutefois que, même après l'invasion de la Hollande, il n'aurait pas été impossible de gagner ce prince, ébloui ou intimidé, comme les autres, par la puissance de Louis XIV; mais on négligea de le faire ou on s'y prit mal. Louis, croyant que sa grandeur élevait tout ce qui tenait à lui au niveau des plus illustres familles, avait fait offrir en mariage à Guillaume une de ses filles naturelles : comme on aurait dû s'y attendre, le fier descendant de Nassau repoussa avec dédain cette alliance. Devenu roi d'Angleterre, une politique plus conciliante aurait pu, sinon le rendre l'ami de la France, du moins l'empêcher de devenir le provocateur et le chef des deux coalitions qui se formèrent contre elle. Ce prince, en effet, gêné dans son action en Angleterre, par la violence des partis, répugnait à entreprendre une guerre dont il ne pouvait prévoir l'issue, et pour laquelle la nation qui l'avait appelé au trône ne lui prêtait pas l'appui convenable ; mais les procédés de Louis XIV, l'ardeur avec laquelle il embrassa la cause désespérée de Jacques II, firent presque une nécessité à Guillaume de mettre à exécution des projets hostiles qu'il aurait, peut-être, abandonnés ou du moins ajournés, et dès lors, il devint cet ennemi vigilant et habile qui devait porter les premiers coups à la puissance de Louis XIV.

Enfin, il faut ajouter que la révocation de l'édit de Nantes fut impolitique,, à ce point, qu'elle ne concilia au Roi l'appui d'aucune des puissances catholiques. A Rome même, on garda le silence, et plusieurs cardinaux, dit-on, la désapprouvèrent hautement.

Turenne et Condé n'étaient plus. Duquesne, en sa qualité de protestant, ne commandait plus nos escadres. Plusieurs de nos plus braves officiers étaient passés dans les rangs ennemis ; Colbert était mort avec la douleur de voir renaître le désordre des finances qu'il avait rétablies. Louvois, ministre dur, mais habile, allait succomber sous l'effroi d'une disgrâce imminente.

Tels étaient en France et au dehors les signes précurseurs de la décadence du règne, ou plutôt le commencement de cette décadence, lorsqu'en 1689, se forma la seconde coalition, imprudemment provoquée par Louis XIV. Affaibli, mais assez puissant encore pour tenir tête à l'Europe, ses armées, commandées par Luxembourg et Catinat, furent presque toujours victorieuses ; mais l'empire de la mer, que nous ne devions plus recouvrer, nous échappa à la bataille de la Hoque. La révocation de l'édit de Nantes avait affaibli le royaume en richesse et en population, et cependant la France, qui ne contenait guère alors que la moitié des habitants de la France actuelle, avait près de 500 mille hommes sous les armes ; fait qui paraîtrait incroyable s'il n'était attesté par des documents con-temporains. Par l'effet de ces causes réunies, la misère des peuples devint extrême, et fit au Roi une nécessité de conclure une paix honorable, sans doute, mais par laquelle toutes les conquêtes furent restituées et le nouveau Roi d'Angleterre reconnu.

C'est vers la fin de ce siècle que la mort vient atteindre presque tout cequi nous restait de célébrités ; Luxembourg succombe pendant la guerre ; Tourville, ce grand homme de mer, dans la seconde année du XVIII<sup>e</sup> siècle ; Colbert et Louvois laissent leurs emplois à leurs fils, jeunes-gens aventureux, mais qui, ayant conservé la tradition de l'administration de leurs pères, peuvent faire espérer qu'ils seront un jour dignes de les remplacer ; mais bientôt ils succombent à leur tour, et l'histoire ne mentionne plus le nom de leurs suc-cesseurs que pour en faire connaître l'insuffisance ou l'incapacité. C'est vers le même temps que le grand siècle littéraire se termine par la mort de Bossuet, de Racine, de M<sup>me</sup> de Sévigné : Molière, Corneille, Lafontaine les avaient précédés dans la tombe. Ainsi, le XVII<sup>e</sup> siècle voyait disparaître à la fois avec lui les hommes dont les talents avaient fondé la puissance et la prospérité de la France, et ceux qui l'avaient illustrée par leur génie.

Tout faisait une loi à Louis XIV d'éviter toute occasion de renouvellement d'une guerre qu'il n'était plus en état de soutenir, lorsqu'un événement favorable, en apparence, à la grandeur de la France, acheva presque de la perdre. Le triste et dernier héritier de Charles-Quint, Charles II, roi d'Espagne, légua à un petit-fils de Louis XIV, les immenses états d'une monarchie qui avait fait trembler l'Europe, et qu'un siècle du plus mauvais des gouvernements avait réduite à la nullité la plus complète. Les cabinets européens, prévoyant la fin prochaine de Charles II, s'étaient occupés, à l'avance, du partage de ses dépouilles, et par un traité conclu entre la France, l'Angleterre et la Hollande, il en avait été attribué à Louis XIV une partie assez considérable, à laquelle on joignait la Lorraine, acquisition précieuse, la seule, en réalité, qu'il eut intérêt à faire ; mais lorsque le testament en faveur du duc d'Anjou fut connu, Louis l'accepta, sans tenir compte de ses engagements anterieurs. Si le partage d'un état indépendant, sans le concours de ses peuples ou de ceux qui le représentent, a quelque chose d'odieux, le refus d'exécuter le traité de partage n'en était pas moins un manque de foi de la part de Louis XIV, qui s'en serait certainement prévalu si le testament n'avait pas été en sa faveur.

Quoiqu'il en soit, il était évident que l'Europe refuserait d'accéder à ce prodigieux accroissement de puissance, que l'acquisition de cette nouvelle couronne semblait donner à la famille du Roi dont elle redoutait tant l'ambition. Des idées plus saines l'auraient, peut-être, ramenée à la pensée que la France, déjà affaiblie, avait peu à gagner à devenir le soutien d'une immense monarchie vermoulue ; mais, à cette

époque, on ne connaissait pas l'art de dénouer pacifi-
quement les difficultés politiques, et l'Europe courut
aux armes. Louis XIV acheva d'irriter l'Angleterre
et précipita la guerre en reconnaissant, avec une
générosité imprudente, les droits du fils de Jacques II.

On sait quels furent les désastres et les gloires de
cette dernière lutte. Je ne les retracerai pas. Après des
revers inouis, après des conditions humiliantes accep-
tées pas Louis XIV et rejetées par des ennemis énivrés,
à leur tour, de triomphes auxquels ils n'étaient pas
accoutumés, Villars et surtout la défection de l'Angleterre sauvèrent la France; mais elle resta appauvrie
et dépeuplée. A la mort de Louis XIV, l'agriculture
était languissante, l'industrie presque anéantie, les
finances dans un affreux désordre. Les longues années
de paix qui suivirent, réparèrent en partie les forces
de la France sans lui rendre sa supériorité sur le con-
tinent et surtout sur les mers.

### QUATRIEME PARTIE.

L'Académie voudra bien ne pas perdre de vue que
ce qui m'a entraîné à lui retracer quelques faits historiques bien connus d'elle, c'est l'examen de cette
question. L'époque où écrivait Saint-Simon, qui comprend les vingt-cinq dernières années du règne, reste-
t-elle encore grande, malgré les revers militaires,
malgré la perte des hommes éminents, malgré la
misère des peuples? Je lui ai fait connaître, à l'avance,
mon opinion sur cette question; il me reste à entrer
dans quelques détails pour la justifier.

Rien n'indique que Louis XIV eût perdu, du moins
notablement, pendant l'époque dont nous nous occupons,
cette faculté exquise de discernement à laquelle sont dues,

en grande partie , les gloires de la première époque ; mais les succès et la flatterie avaient fini par lui persuader que les grands capitaines et les grands ministres qu'il avait employés étaient son propre ouvrage. On sait qu'après la mort de Louvois, il le remplaça par son fils , jeune encore , en lui disant : *J'ai formé votre père, je vous formerai bien.* Ce jeune ministre mourut trop tôt pour que Louis eût le temps de s'assurer si les leçons suffisaient pour le rendre égal à son père ; mais Chamillart et tant d'autres qui lui succédèrent , donnèrent de tristes démentis à cette prétention, qui dut toutefois avoir pour résultat d'engager le roi à donner un peu moins d'attention aux choix de ceux qu'il appelait à occuper les premiers emplois de l'Etat.

D'autre part, on ne peut douter que Louis XIV, qui ne cessa jamais de gouverner par lui-même, n'eût perdu cependant un peu de cette fermeté de caractère qui lui faisait écarter les hommes médiocres et maintenir les hommes éminents, malgré les jalousies et les intrigues. Turenne et Luxembourg déplaisaient à Louvois, et le Roi les maintint constamment à la tête de ses armées ; mais dès le début de la guerre de la succession d'Espagne, il en écarte Catinat, quoiqu'il estimât ses vertus et ses talents militaires, parce qu'il déplaît à Chamillart et à Vendôme. Lors du siége de Turin , le Roi consulte Vauban, qui lui démontre les fautes des généraux , les dangers que court l'armée, et lui offre, en grand citoyen qu'il était, d'y aller servir comme simple volontaire ; mais le duc de Lafeuillade, aussi habile courtisan que général inexpérimenté, refuse les offres de Vauban , et bientôt les lignes sont forcées et l'Italie perdue. Il ne se fait pas d'illusion sur la présomptueuse nullité de Villeroy ;

mais Villeroy est son favori , et ce n'est qu'après une suite de défaites que le commandement des armées lui est retiré. Par malheur pour la royauté et pour la France, Louis lui confia , en mourant, l'éducation de Louis XV , dont le précepteur fut l'abbé Fleury. On voit qu'on était loin du temps où les gouverneurs s'appelaient Montansier et Beauvilliers, et les précepteurs Bossuet et Fénélon.

Après tout, cependant, où sont les grands capitaines et les grands ministres qui auraient pu être employés? Saint-Simon, dans sa galerie de portraits, en indique-t-il beaucoup de plus capables. En fait de capitaines, à part Catinat et Vauban , qui appartiennent à la grande époque, nous avons Villars , Berwick , refugié anglais ; Boufflerts, grand citoyen, excellent officier , mais dont les talents militaires étaient , peut-être , inférieurs à un grand commandement. En fait d'hommes d'état , sauf quelques habiles diplomates , tout a disparu sans pouvoir être remplacé. Les ducs de Chevreuse et Beauvilliers étaient , sans contredit , des hommes très-vertueux, ayant même conservé quelque indépendance au milieu d'une cour servile , mais Saint-Simon, leur ami et leur admirateur, est forcé de convenir qu'ils étaient infatués des chimères du quiétisme, ce qui peut, au moins , faire douter de la justesse de leur esprit.

Les fils, les petits-fils , les arrières petit-fils du grand Condé furent tous indignes de leur auteur. Louis XIV, il est vrai, par l'effet d'une politique qu'on ne saurait trop blâmer , tenait à l'écart les princes du sang, et même son frère et son fils ; mais tout indique que leur caractère suffisait pour les condamner à l'oubli. Le duc de Bourbon , arrière petit-fils de Condé, devint , après la mort du duc d'Orléans, ministre de Louis XV et maître absolu de la France. Ce ministère ne fut signalé que par l'inauguration du gouvernement des favorites, continué par Louis XV. Ce même prince se vantait un jour, pendant le système de l'an, de posséder trente mille actions. « M. » le Duc, lui dit un de ses familiers, votre bisaïeul » n'en a jamais eu que cinq ou six ; mais elles va- » laient mieux que toutes les vôtres. » Le duc de Charolais, son frère, ne se distingua que par des actes d'une lâche et stupide férocité. Un seul membre de cette famille, le prince de Conti, neveu du grand Condé, fit preuve de quelque capacité ; mais Louis XIV, fidèle à sa politique un peu orientale, le tint éloigné des armées et du conseil.

On sait quel fut le caractère du grand Dauphin, fils unique du Roi. Noyé, dit Saint-Simon, dans la graisse et l'apathie, il se permit une seule fois de soutenir énergiquement un avis qui entraîna une résolution funeste, l'acceptation de la succession d'Espagne en faveur du duc d'Anjou, son fils. Ce dernier ressembla bien plus, par son engourdissement et sa faiblesse, aux princes auxquels il succédait qu'à Louis XIV, son aïeul. Un seul des petits-fils de ce monarque, le duc de Bourgogne, a laissé une mémoire justement honorée. Pénétré des devoirs de la royauté, vivement touché des misères du peuple, l'élève de Fénélon aurait certainement été un bon roi. On peut, avec raison, douter qu'il eût été un grand roi, ou même qu'il eût évité des fautes capitales. Saint-Simon, son admirateur et son ami, qui attendait de son avénement au trône sa fortune politique, ne dissimule pas ce qu'il y avait de timide et d'incomplet dans ce caractère dénué d'initiative, destiné, selon toute apparence, à subir l'influence de sa femme ou de son précepteur. Quant aux idées politiques qui auraient prévalu sous son règne, on peut les apprécier par celles que Fénélon développe à propos du gouvernement de la chimérique Salente et par celles de Saint-Simon lui-même; ce sont de pures utopies qui n'avaient pour sanction ni l'expérience des siècles, ni l'esprit nouveau qui commençait à se faire jour.

Des deux fils naturels de Louis XIV, un seul, le comte de Toulouse, possédait des vertus avec un esprit médiocre. On sait ce qu'était le duc du Maine.

Catinat et Vauban, illustres débris de la première époque, avaient été écartés des emplois à un âge où ils pouvaient rendre encore de grands services. Le premier mourut dans la retraite. Il est intéressant et triste de connaître la fin du second. Vauban a été le plus grand ingénieur de la France, même de l'Europe; il avait fait cinquante-trois siéges et fortifié trente-trois places. Lui seul, disait-on, savait l'art de les reprendre. C'était un patriote, dans la meilleure acception du mot. Saint-Simon emploie, pour le mieux qualifier, cette expression alors peu usitée : il refusa longtemps le bâton de maréchal, parce que, disait-il au Roi, ne pouvant jamais commander ses armées, cela le jetterait dans l'embarras si, faisant un siége, le général se trouvait moins ancien que lui; il était aussi, pour nous servir d'un mot encore plus moderne, un vrai philanthrope. Il avait plusieurs fois traversé la France dans tous les sens; il en avait étudié ses ressources; ses misères l'avaient vivement ému; il avait jugé les conséquences funestes de la révocation de l'édit de Nantes, et il avait conseillé au Roi, dans un mémoire qu'il lui présenta, de revenir sur cette mesure ; l'arbitraire et l'inégalité choquante de l'impôt lui avaient paru être les causes principales de la détresse publique, et il s'était occupé des moyens de la faire cesser ; ce fut dans ce but qu'il composa son projet de dîme royale, par lequel il proposait l'impôt à peu près unique de la dîme en nature. Ce projet, d'une exécution peut-être impossible, et qui, selon toute apparence, n'aurait donné à l'État que des revenus insuffisants, avait, aux yeux de beaucoup d'intéressés, bien d'autres défauts ; il supprimait une foule d'emplois que la nécessité des temps et surtout une mauvaise administration avaient créés, pour se procurer, par leur vente, des ressources pécuniaires ; il assujétissait à l'impôt toutes les personnes et toutes les propriétés, sans exception, tandis que la taille pesait alors presque uniquement sur ceux qui étaient les moins capables de la payer ; enfin, il avait, aux yeux du Roi et de ses ministres, le tort très-grave d'exposer, sans ménagement, les souffrances du peuple. Toutefois, Vauban, avec cette admirable candeur qui n'accompagne pas toujours le génie, mais qui doit le rendre, quand elle s'y joint, l'objet de notre admiration, ne craignit pas de présenter son mémoire à Louis XIV ; ou plutôt il pensa que le roi, préoccupé, comme il devait l'être, des moyens de soulager son peuple, accueillerait avec bienveillance un projet rédigé dans ce but.

Écoutons Saint-Simon sur le résultat de cette présentation du mémoire :

« Ce ne fut donc pas merveille si le Roi, prévenu et
» investi de la sorte, reçut très-mal le maréchal de
» Vauban lorsqu'il lui présenta son livre, qui s'adres-
» sait à lui dans tout le contenu de l'ouvrage. On peut
» juger si les ministres auxquels il le présenta lui firent

» un meilleur accueil. Dès ce moment ses services, sa
» capacité militaire, unique en son genre, ses vertus,
» l'affection que le Roi y avait mise, jusqu'à croire se
» couronner de lauriers en l'élevant, tout disparut à
» ses yeux. Il ne vit plus en lui qu'un insensé pour
» l'amour du public, et qu'un criminel qui attentait
» à l'autorité de ses ministres, par conséquent à la
» sienne ; il s'en expliqua de la sorte sans ménagement.
» . . . . . . . . . . . . . . . . . . . . . . . . . .
» Le malheureux Maréchal, porté dans tous le cœurs
» français, ne put survivre aux bonnes grâces de son
» Maître, pour qui il avait tant fait ; il mourut peu de
» mois après, ne voyant plus personne, et consumé
» d'une douleur et d'une affliction que rien ne put
» adoucir, et à laquelle le Roi fut insensible, jusqu'à
» ne pas faire semblant de s'appercevoir qu'il eût perdu
« un serviteur si utile et si illustre ; il n'en fut pas
» moins célébré dans toute l'Europe, et par les
» ennemis même, ni moins regretté en France de ce
» qui n'était pas financier ou suppôt de financier. »

Cette fin d'un grand homme, si profondément émouvante, présente une coïncidence singulière avec celle d'un homme non moins illustre dans un genre bien différent, de Racine ; comme Vauban, il avait écrit un mémoire pour exposer au Roi les misères publiques ; comme à lui, ce mémoire lui valut la disgrace du Roi ; comme lui, il ne put survivre à cette disgrace ; Racine succombait en 1699 ; Vauban, huit ans après.

Louis XIV, à cette époque, imprimait donc encore chez ceux qui l'approchaient, ce sentiment profond que nous, générations blasées, ne pouvons plus ni définir, ni même bien comprendre ; sentiment mêlé d'affection , de respect et de crainte qui avait pu , parfois, enfanter, sinon les grands hommes , du moins les grandes choses , et qui maintenant semblait n'avoir d'autre résultat que de précipiter plus promptement dans la tombe ceux dont il avait autrefois inspiré le génie.

Qu'était devenu le temps où , dans une Cour brillante, se trouvaient réunis et presque confondus tous les genres de gloire , où Boileau s'applaudissait , en beaux vers , de l'approbation de Louis XIV, de celle de Condé, de Colbert, de La Rochefoucaud. Trente ans après , les lettres , sous aucune forme , n'avaient accès dans cette triste Cour. Elle ne s'occupait pas plus des grands écrivains qui avaient disparu , que de ceux , en petit nombre , qui survivaient. La mort de ces derniers était à peine mentionnée pour mémoire.

A toutes les époques , même pendant les plus désastreuses , la gloire militaire ne fit pas complètement défaut à la France. Pendant la guerre de la succession d'Espagne , elle brille parfois d'un vif éclat ; mais parfois aussi elle semble s'éclipser. La bataille d'Hochstet , où douze mille hommes se rendirent sans combattre , la défaite de Ramillies , suivie d'une honteuse déroute, semblent être des avant-coureurs des déplorables échecs de la guerre de sept ans. La valeur française n'avait peutêtre pas faibli ; mais , indépendamment de l'incapacité de beaucoup de généraux , on peut remarquer qu'il s'était introduit , parmi les officiers , des habitudes de luxe et de molesse qui devaient souvent paralyser les opérations militaires. Leurs équipages brillants et nombreux étaient une ruine pour eux et un embarras pour l'armée ; on suspendait les marches pour se faire servir des repas copieux et délicats: Ces haltes avaient un nom : on les appelait *Haltes chaudes.*

En quoi donc une époque si stérile en grands hommes et en grandes choses pourrait-elle être considérée comme grande? Le sentiment religieux n'était pas, à la vérité, éteint ; il se réveillait fréquemment aux dernières années de l'existence , plus souvent aux dernières heures seulement, chez ceux qui avaient passé leur vie dans le désordre des mœurs ou dans les intrigues et les tourments de l'ambition ; mais, outre que ce sentiment dont je ne nierai pas, à coup sûr, l'importance, ne constitue pas à lui seul la grandeur, on peut se demander s'il eut toute la réalité qu'on lui attribue. Dès la fin du xvii^me siècle, et au commencement du xviii^me, la Société du Temple , qui était celle des Princes de Vendôme , donnait le précepte et l'exemple d'un impie et grossier épicuréisme. Qu'on lise à l'appui les poésies de Chaulieu et , en particulier, les rimes obscènes par lesquelles il célèbre les amours incestueux du duc de Nevers. Le duc d'Orléans , de son côté, tenait également école de débauche et d'impiété. Quand il devint régent , la prétendue dévotion des courtisans de Louis XIV s'évanouit tout à coup, et la corruption des mœurs se montra, à la Cour, dans des proportions inouies. Il est donc permis de croire que Louis XIV avait commandé et non inspiré cette espèce d'austérité qui régna à sa Cour pendant ses dernières années , et que, sous la compression qu'il exerça, germaient la licence et l'incrédulité du xviii^me siècle.

Nous avons assez de reproches à faire à ce dernier siècle , qui , plus que tout autre , a influé sur les destinées futures de l'humanité , pour ne pas méconnaître la part considérable de bien dont elle lui est redevable. Montesquieu a dit, avec grande raison : *que la religion chrétienne, qui ne semble avoir pour objet que la félicité de l'autre vie, fait encore notre bonheur dans celle-ci.* L'adoucissement général des mœurs, la cessation d'une foule d'habitudes barbares, la fondation d'un grand nombre d'établissements charitables, l'abolition graduelle de l'esclavage en Europe, viendraient en aide à cette vérité si elle était sérieusement contestée. Toutefois, malgré ces bienfaits évidents, il faut reconnaître qu'un des plus grands commandements, proclamé tel par le divin législateur, était trop souvent resté lettre morte chez beaucoup de peuples chrétiens. *Ce prochain,* qu'on doit aimer *comme soi-même,* ne semblait être pour eux ni l'ennemi, ni l'accusé, ni l'hérétique, ni le nègre, ni même quelquefois le simple paysan ou roturier. Les guerres, souvent entreprises sous les motifs les plus futiles, sont conduites avec barbarie. La prise des villes entraîne plus d'une fois le meurtre, le viol, le pillage et l'incendie. Louis XIV n'était pas un prince inhumain, et il fait deux fois incendier le Palatinat avec des circonstances qui font frémir. L'Espagne conserve les sacrifices sanglants de l'inquisition ; mais la France, qui les a en horreur, a, pour les hérétiques, les dragonades, les galères, et quelquefois la potence et la roue. La torture préalable est religieusement conservée dans les Codes criminels de Louis XIV, inférieurs en respect pour le droit à ceux même de l'antiquité. Le commerce des Nègres est non-seulement toléré, mais même encouragé par des ordonnances émanées de Colbert. Ce qui, dans ces temps dont moins de deux siècles nous séparent, est le plus fait pour exciter la surprise et l'indignation, c'est, non pas l'extrême inégalité des rangs et des fortunes , condition fatale de l'humanité , nécessaire peut-être à son développement , mais la disparité la plus choquante entre les droits et même les devoirs des diverses classes de citoyens. Non-seulement le grand seigneur , le simple gentilhomme , le roturier , le paysan , étaient fort inégalement traités dans la répartition des charges publiques ; mais les crimes , punis chez les uns des peines les plus atroces , restaient habituellement impunis chez les autres. A la tolérance des lois et des magistrats , se joignait celle des sallons. Des vices infâmes , punis du feu chez les simples particuliers , n'éprouvaient d'autre punition , à la Cour de Louis XIV , que celle infligée par les satyres licencieuses de Bussy-Rabutin , exilé pour ses médisances , plus que pour ses calomnies. Les lettres de Madame , seconde duchesse d'Orléans , ne laissent aucun doute à cet égard. Les mémoires d'Hamilton nous apprennent aussi comment la probité était entendue chez beaucoup de grands seigneurs. Un ministre, Colbert , ne semble pas indifférent aux souffrances du peuple. Un grand homme, Vauban , en fait l'objet d'une vive préoccupation ; mais à part ces exceptions et quelques autres , à part de nombreux actes de charité , l'amélioration du sort , alors si misérable des classes inférieures , est-elle jamais l'objet des sollicitudes des hommes d'état ou des personnes haut placées ? Les traitements barbares qu'on leur inflige excitent chez quelques ames bien nées le regret, peut-être la plainte, rarement l'indignation. Sans les lettres de M<sup>me</sup> de Sévigné qui ne pensait pas alors qu'elles dussent jamais être publiées , saurions-nous comment son ami le duc de Chaulnes , gouverneur de Bretagne , réprima une émeute excitée à l'occasion d'un impôt sur le *timbre ; saurions-nous que la penderie ne lui paraissait plus qu'un raffraîchissement, et les galériens qu'une société d'honnêtes gens retirés du monde pour mener une vie douce, qu'on avait banni toute une grande rue de Rennes , et défendu de recueillir les bannis sous peine de la vie , etc.* ; ces lettres ont été souvent citées, et elles ne sauraient trop l'être pour convaincre ceux qui s'obstinent à nier qu'il s'est opéré quelque progrès en justice et en humanité. Ajoutons que ces scènes odieuses se passaient en 1675 , aux plus beaux jours de Louis XIV , et que rien ne prouve que le duc de Chaulnes eût excédé les ordres qu'il dut recevoir de la Cour , puisqu'il ne fut l'objet ni d'une disgrâce, ni d'une réprimande.

Ce n'était pas seulement en France que les choses se paissaient ainsi. Qu'on lise dans les historiens anglais, et, en particulier, dans l'excellente histoire publiée récemment par M. Macaulay ; comment le chef de justice Jefferies réprimait la révolte du duc de Monmouth , son mépris de toute règle judicaire , de tous les droits de la défense , les odieuses plaisanteries qu'il se permettait contre les accusés , la fréquence et l'atrocité des supplices. Ces horreurs commises contre les dissidents étaient le crime, non-seulement du Roi et de ses ministres , mais aussi de ceux qui professaient le culte anglican , et qui les approuvaient ou les toléraient tant qu'elles n'atteignaient que leurs adversaires. Qu'on lise aussi dans le même historien le récit de cette prétendue conspiration papiste où les témoignages les plus absurdes, sortis des bouches les plus infâmes, servirent de prétexte à de nombreux supplices , et on se convaincra , de plus en plus, qu'il était nécessaire de rappeler les hommes, plus énergiquement qu'on ne le faisait alors, au principe divin du respect de leurs semblables; c'est là l'honneur, le seul, peut-être, mais il est grand, du xviiie siècle. De ce principe découla celui de la répartition égale entre les citoyens des droits et des devoirs sociaux, principe écrit en tête de toutes nos lois politiques et civiles depuis 1789, et qui a déjà opéré d'heureuses transformations dans presque toutes les sociétés modernes.

Est-ce à l'oubli de ce principe, à l'imperfection des lois ou à des circonstances particulières qu'il faut attribuer, pendant le règne de Louis XIV, la détresse croissante de la classe des cultivateurs? Cette détresse est attestée par tous les contemporains. Labruyère n'a qu'une phrase pour peindre l'état des paysans ; je la rappèle , quoique très-connue.

« L'on voit certains animaux farouches, mâles et
» femelles, répandus par la campagne, noirs livides et
» tout brûlés du soleil, attachés à la terre qu'ils fouillent
» et qu'ils remuent avec une opiniâtreté invincible ;
» ils ont comme une voix articulée, et quand ils
» se lèvent sur leurs pieds, ils montrent une face
» humaine ; et, en effet, ils sont des hommes ; ils se
» retirent la nuit dans des tanières où ils vivent de
» pain noir, d'eau et de racines ; ils épargnent aux
» autres hommes la peine de semer, de labourer
» et de recueillir ; et méritent ainsi de ne pas manquer
» de ce pain qu'ils ont semé. »

On peut, sans doute, supposer un peu d'exagération dans cette admirable et saisissante peinture ; mais si maintenant un prédicateur ou un moraliste employaient de pareilles couleurs pour faire connaître la position des paysans français, il n'y aurait qu'une voix pour taxer d'absurdité cette exagération, et il

ne paraît pas que ce reproche ait été adressé à Labruyère, lorsque ses caractères parurent en 1687.

Deux écrivains anglais, Loke et Burnet, traversant
la France, le premier en 1674, le second onze ans
après, furent frappés de l'état misérable des paysans
et de la mauvaise culture des champs. Voici ce que dit
Burnet :

« En allant de Paris à Lyon, je fus fort frappé de trou-
» ver partout une si grande misère ; car non-seulement
» les villages sont dans une extrême pauvreté ; mais les
» villes même s'en ressentent terriblement. Ce ne sont
» de tous côtés que de chétives masures, que des habits
» déchirés, que des visages hâves et abbatus, etc. »

On pourrait encore, à la rigueur, récuser le témoignage de Burnet, anglais et protestant, traversant la
France au moment où la puissance de Louis XIV
et ses mesures contre les protestants français excitaient
la sollicitude et la colère de leurs co-religionnaires
anglais ; mais comment suspecter le témoignage de
Vauban, ce grand citoyen, ami du peuple, mais plus
ami de la vérité, et qui, en tout cas, se serait bien
gardé, dans un mémoire adressé à Louis XIV, de
toute assertion fausse ou même exagérée Or, à toutes
les pages de son livre (la dîme royale), Vauban signale
l'extrème misère du peuple, la diminution des revenus
des biens de la campagne qui, dit-il, *rendent le tiers
moins de ce qu'ils faisaient il y a trente ou quarante
ans, surtout dans les pays où la taille est personnelle.
La cause de cette diminution est*, dit-il, *le défaut de
culture, et ce défaut provient de la manière d'imposer la taille et de la lever, etc.*

Vauban connaissait parfaitement la France ; il l'affirme, et on doit le croire. « Ce que j'en dis n'est point

» pris sur des observations fabuleuses et faites à vue
» de pays , mais sur des visites et des dénombrements
» exacts et bien recherchés auxquels j'ai fait travailler
deux ou trois années de suite ; c'est pourquoi je les
» donne ici pour véritables. »

Il avait fait des recherches plus particulières sur l'élection de Vezelay en Bourgogne , dans laquelle il compare le revenu des contributions établies avec ce que produirait la dîme royale , et , à cette occasion , il trace le tableau suivant de l'état de la population et de l'agriculture dans cette élection.

« Cette taille.... désole cette élection , et réduit les
» habitants au pain d'orge et d'avoine , et à n'avoir pas
» pour un écu d'habit sur le corps, d'où s'ensuit la déser-
» tion des plus courageux , la mort ou la mendicité
» d'une partie des autres , et une diminution très-
» notable du peuple qui est le plus grand mal qui puisse
» arriver dans un état. Il y a six ou sept ans que
» cette remarque a été faite , et depuis ce temps-là
» le mal s'est fort augmenté , sans compter que la
» septième partie des maisons sont à bas , la sixième
» partie des terres est friche et les autres mal cultivées....
» Que la cinquième partie des vignes est en friche et
» les autres très-mal faites. »

Un autre économiste du temps , Boisguilbert , qui , l'année même de la mort de Vauban , publia son prétendu testament politique, évalue à 1,500 millions la diminu-tion des revenus de toute nature de la France, depuis 1660. C'est une ridicule exagération ; il est douteux que la tota-lité de ce revenu s'élevât même alors à cette somme qui représente deux milliards, 500 millions de notre mon-naie actuelle ; mais on peut en induire du moins que l'opinion générale d'alors était que le pays s'appauvrissait.

Antérieurement à 1707 , et même aux plus belles époques du règne , les gouverneurs , les intendants , Colbert lui-même traçaient des tableaux effrayants de la misère des provinces ; M. Pierre Clément , dans son savant travail sur Fouquet et Colbert , nous fait connaître plusieurs de ces documents. Nous nous bornons à en citer un seul ; c'est une lettre adressée à Colbert., le 28 mai 1675 , par le duc de Lesdiguières , gouverneur du Dauphiné :

« Monsieur , je ne puis plus différer de vous faire
» savoir la misère où est réduite cette province ; le
» commerce y cesse absolument , et de toutes parts
» on vient me faire savoir l'impossibilité où l'on est de
» payer les charges. Je suis assuré , Monsieur , et je
» vous parle pour être bien informé , que la plus
» grande partie des habitants de ladite province n'ont,
» pendant l'hiver , que de pain de glands et de racines ,
» et que présentement on les voit manger l'herbe des
» prés et l'écorce des arbres. Je me sens obligé de vous
» dire les choses comme elles sont , pour y donner
» l'ordre qui plaira , et je profite , etc.

La population dut se ressentir cruellement de ce triste état de choses. Un recensement fait par les intendants dans les dernières années du XVIIe siècle , donne à la France, qui ne comprenait pas alors la Lorraine , le nombre de 19 millions 100 mille habitants. Vauban est porté à croire ce chiffre un peu exagéré , et je pense qu'il a raison. Les terres ne donnaient , en moyenne : selon son évaluation , que quatre fois et demie la semence , et il y en avait beaucoup en friche. On ne connaissait pas alors la pomme de terre. Quoiqu'il en soit , la population , d'après lui , diminuait chaque année ; la guerre qui dura huit ans encore après le mémoire de Vauban et le terrible hiver de 1709, durent augmenter beaucoup cette dépopulation.

Quoique quelques-unes de ces causes eussent cessé, il ne paraît pas que l'agriculture se soit beaucoup relevée dans les quarante premières années du règne de Louis XV. En 1739, le duc d'Orléans présentait à Louis XV un pain de fougère, en lui disant : *Voilà, Sire, de quoi se nourrissaient vos peuples.*

L'économiste Quesnay, qui écrivait en 1750, n'évalue le revenu net des propriétaires français qu'à 76 millions, et celui des fermiers à 26. Les fermes ne se louaient, dit-il, qu'à 5 fr. l'arpent (10 fr. l'hectare) dans la grande culture, et pour la petite que de 20 à 30 s. l'arpent (2 à 3 fr. l'hectare). Un de ses contemporains, Dupré de Saint-Maur, abaisse encore ce chiffre, au moins pour certaines provinces. Dans l'article *Agriculture* de la première encyclopédie, le rendement des meilleures terres n'est évalué qu'à cinq fois la sémence. Tous ces chiffres peuvent être un peu trop faibles ; mais évidemment la souffrance était encore bien grande.

Pendant les années de paix qui suivirent la guerre de sept ans, de meilleurs jours commencèrent à luire. Une partie des capitaux accumulés fut appliquée à l'amélioration du sol. Quelques propriétaires résidèrent sur leurs domaines et introduisirent de meilleures pratiques. Des principes d'humanité, plus généralement répandus, influèrent d'une manière heureuse sur le sort des paysans. Quelques idées saines d'économie politique commencèrent à se faire jour, et firent cesser les absurdes entraves qui s'opposaient au commerce et à la circulation des blés. En un mot, avant le grand affranchissement de 1789, le sort des cultivateurs et les produits agricoles avaient fait de notables progrès (1).

Quelles furent les causes de l'affreuse détresse qui pesa si longtemps sur les campagnes ? Je pense qu'on peut en assigner trois principales : 1º une législation vicieuse sur les grains ; 2º l'arbitraire , l'inégalité et souvent l'excès de l'impôt ; 3º le défaut de résidence des propriétaires.

1º les premières années du gouvernement de Louis XIV, 1661 et 1662 , furent signalées par une famine. Le Parlement de Paris , dont la prétention fut toujours de faire de l'administration , et qui s'y entendit toujours fort mal , défendit alors de *s'associer pour le commerce du blé , et de faire aucun amas de grains* ; c'était évidemment augmenter le mal ; mais on n'en savait pas davantage alors , et au temps présent beaucoup de personnes ne sont guère plus avancées ; mais ce qui semble plus étrange et plus inexcusable , c'est que non-seulement ce malheureux arrêt ne fut pas cassé, mais que ses funestes effets furent aggravés par des édits dont l'initiative appartient à Colbert , par malheur pour sa mémoire ; jusqu'à lui, sauf quelques suspensions temporaires , le commerce des grains avait été libre ; Henri IV et son grand ministre Sully , avaient soigneusement veillé à ce que cette liberté ne fût jamais gênée par le mauvais vouloir des administrations locales ; mais après la famine de 1662 , la défense d'exporter devint le droit commun. Lorsque , par intervalle , elle était levée , l'exportation restait grevée d'un droit énorme qui équivalait à une prohibition. De là l'avilissement des prix qui devint tel que la

(1) Plusieurs de ces documents sont rappelés dans le remarquable travail de M. Léonce de Lavergne, sur l'Agriculture de la France et de l'Angleterre.

culture des terres médiocres fut abandonnée. Ce ne fut pas tout ; Colbert, auteur de cette funeste législation, maintint du moins, tant qu'il le put, la circulation libre dans l'intérieur du royaume, mais après lui elle fut entravée, et enfin interdite en 1699. Le commerce des grains ne redevint libre que dans les dernières années du règne de Louis XV, et alors les hommes éclairés, auteurs de cette mesure bienfaisante, eurent à vaincre la résistance des provinces. Les effets du régime prohibitif furent tels, qu'au temps où écrivaient Vauban et Boisguilbert, 1706 et 1707, le blé valait à Paris 5 ou 6 fr. de moins par sétiers, qu'en 1649, quoique tous les autres objets de consommation eussent prodigieusement renchéri. Le résultat de cet état de choses était la disette dans quelques provinces, dans d'autres une abondance ruineuse pour les propriétaires, définitivement, la pauvreté pour tous.

2° L'inégalité, l'arbitraire et l'excès de l'impôt furent une grande cause de misère pour les cultivateurs. On sait que le principal impôt, la taille et l'impôt supplémentaire, le taillon, n'atteignaient que certaines classes, et c'étaient précisément les moins riches. Elles logeaient aussi les gens de guerre, charge énorme en ce temps là ; enfin, si on songe que les cultivateurs avaient à supporter la dîme ecclésiastique, les corvées et les droits seigneuriaux, on concevra difficilement qu'il leur restât quelque chose pour nourrir leurs familles. La taille était réelle dans les pays d'état, et là le fardeau était moins lourd ; mais dans les pays d'élection, où elle était personnelle, où l'anoblissement et souvent la faveur dispensaient de la payer, et où cependant ces dispenses faisaient retomber plus lourdement l'impôt sur les autres contribuables, les souffrances étaient intolérables, Vauban remarque que les paroisses qui, par abonnement, étaient exemptes de la taille, jouissaient, comparativement aux autres, d'une très-grande aisance. « Toutes les paroisses de la banlieue de Rouen » sont, dit-il, dans cette situation. Aussi, les habitants » de ces paroisses se pourvoient d'un habit contre les » injures de l'air, sans craindre qu'on tire de cette » précaution des conséquences contre leur fortune, » pendant qu'à un quart de lieue de leur maison, ils » voient leurs voisins qui ont souvent bien plus de » terres qu'eux, exposés au vent et à la pluie, avec » un habit qui n'est que de lambeaux, persuadés qu'ils » sont qu'un bon habit serait un prétexte infaillible » pour les surcharger l'année suivante. »

3° On peut encore signaler, sous Louis XIV, une autre cause de ruine qui a dû être très-puissante, et qui n'a pas, peut-être, été suffisamment relevée. Jusqu'à lui, les armées avaient été peu nombreuses et ne demandaient, par conséquent, qu'un nombre restreint d'officiers. D'autre part, un nombre bien moins considérable de grands seigneurs étaient attachés à la Cour. La résidence habituelle des propriétaires, alors presque tous gentilshommes, était sur leurs terres, et ils y dépensaient la plus grande partie de leur revenu. Le séjour prolongé qu'ils y faisaient, le travail qu'ils procuraient aux paysans, formaient, entre les deux classes, les liens d'une bienveillance réciproque. Au xvi^me siècle, la science agricole n'était pas complètement négligée. C'était pour répondre aux vues d'Henri IV, qu'Olivier de Serres publiait, en 1600, son *Théâtre d'Agriculture*, ouvrage resté classique ; mais il ne paraît pas que, sous Louis XIV, personne ait pensé que l'agriculture pouvait être une science. La pratique en était abandonnée aux pauvres paysans que la guerre n'enlevait pas à la charrue. Toute la noblesse, c'est-à-dire, à peu près tous les propriétaires, était sous les drapeaux; il le fallait bien pour fournir des officiers à une armée de 500 mille hommes. De plus, Louis XIV, comme depuis Napoléon (car tous les despotismes se ressemblent), voyait avec déplaisir qu'une famille un peu distinguée ne tînt pas à son gouvernement, et il faisait ressentir les effets de son mécontentement à celles qui s'obstinaient à en rester séparées. Voici, à ce sujet, un curieux passage de Saint-Simon :

« Si, d'ennui ou de dépit, ou par quelque dégoût,
» on quittait le service, la disgrace était certaine......
» à l'égard de ce qui n'était pas de la Cour, ou même
» du commun, outre que le Roi y tenait l'œil lui-
» même, le ministre de la guerre en faisait une étude
» particulière, et de ceux-là; qui quittait, était assuré
» d'essuyer, dans sa province ou dans sa ville, toutes
» les mortifications et souvent les persécutions dont
» on pouvait s'aviser, dont on rendait les intendants
» des provinces responsables, et qui, très-ordinaire-
» ment, influaient sur les terres et sur les biens.
» Grands et petits, connus et obscurs furent donc
» forcés d'entrer et de persévérer dans le service, d'y
» être un vil peuple en toute égalité, et dans la plus
» soumise dépendance du ministre de la guerre et même
» de ses commis.

» J'ai vu le Guerchois, intendant d'Alençon, me
» montrer un ordre de faire recherche des gentilshom-
» mes de sa généralité qui avaient des enfants en âge de
» servir et qui n'étaient pas dans le service, de les
» presser de les y mettre, de les menacer même, et de
» doubler et tripler à la capitation ceux qui n'obéi-

» raient pas, et de leur faire toutes les vexations dont
» ils seraient susceptibles. »

On comprend que peu de gentilshommes résistaient
au désir du Roi, ainsi exprimé. Le service militaire
avait été rarement pour eux une occasion de fortune,
surtout dans les grades subalternes ; il était complètement ruineux sous Louis XIV. La noblesse française
qui a encouru le grave reproche de n'avoir pas veillé,
comme a fait la noblesse anglaise, à l'établissement ou
même au maintien des libertés publiques, peut du
moins se vanter, avec raison, de n'avoir ménagé ni
son sang ni sa fortune pour la défense de l'Etat. Elle
dépensait à l'armée au-delà de ses revenus. Les gentilshommes, après avoir épuisé toutes leurs ressources,
engageaient leurs terres, autant du moins qu'elles pouvaient l'être. De là, impossibilité pour eux d'employer
le moindre capital à l'amélioration ou même à l'en-
tretien de leurs terres. De là, manque complet de
travail pour les paysans, à qui il ne resta que la misère
et la haine contre leurs seigneurs.

La détresse des particuliers nous explique celle du
trésor public, continuellement obligé de recourir aux
affaires extraordinaires ou à l'établissement de nouveaux impôts qui donnaient fréquemment lieu à des
révoltes, suivies d'une cruelle répression. En 1707,
le gouvernement, à bout de ressources, imagina
d'établir un impôt sur les baptêmes et les mariages ;
mais les enfants n'étaient plus baptisés, les mariages
n'étaient plus bénis, et il fallut abolir l'impôt.

### CINQUIEME PARTIE.

Il faut reconnaître qu'au milieu de tant de décadence
et de misère, un caractère, celui de Louis XIV ; con-

serve beaucoup de grandeur ; il en a même, dans quelques-unes de ses plus grandes fautes, dans l'appui donné à Jacques II, dans l'acceptation de la succession d'Espagne ; mais elle éclate surtout pendant les revers de la fin de son règne ; il ne montre alors ni présomption, ni pusillanimité ; il ne craint pas de solliciter la paix ; mais quand on veut lui imposer des conditions déshonorantes, il se relève fièrement ; il fait un appel à son peuple, écrasé sous le double fléau de la famine et d'une guerre désastreuse, et son péuple l'entend. A Malplaquet, le champ de bataille reste, il est vrai, à Eugène et à Malborough ; mais quinze mille de leurs soldats qui y sont couchés leur prouvent que le sol français ne restera pas sans défenseurs. Louis montra du courage et de la résignation, et non de l'insensibilité, lorsqu'à la fin de ses jours il vit porter au tombeau presque toute sa famille. Sa mort est noble, simple et vraiment religieuse, pourquoi faut-il que ces dernières années aient été entachées de nouvelles violences, aussi peu susceptibles d'excuses que les premières. Le reste des vénérables solitaires de Porc-Royal était poursuivi avec acharnement ; leurs sectateurs peuplaient les prisons d'état. De saintes filles, soupçonnées d'assentiment à leurs dogmes, étaient enlevées au mileu de la nuit par des exempts de police, comme des prostituées ; leur couvent (Port-Royal-des-Champs) était rasé et les tombes des solitaires profanées.

Ce mélange de bien et de mal, de grandeurs et de petitesses, nous explique les jugements divers qui ont été portés sur Louis XIV. Mais ce qui prouve que chez lui, selon l'expression de M. Boissier, la grandeur fini toujours par surnager, c'est l'ascendant extraordinaire qu'il conserva sur presque tous les hommes éminents de son temps , et qu'il semble que sa mort ne fît pas cesser. Un des hommes les moins accessibles à l'enthousiasme, Voltaire, a lui-même subi cette influence en écrivant le siècle de Louis XIV, un de ses plus beaux ouvrages. Trois ans après la mort de ce monarque, l'abbé de Saint-Pierre était exclus de l'académie pour avoir exprimé un blâme sévère sur son gouvernement. Tenons compte cependant aussi de l'opinion du peuple. L'ancien éclat du règne avait eu pour lui moins de séduction, et il ne le connaissait plus d'ailleurs que par tradition ; ses souffrances n'avaient fait que s'accroître; il se réjouit de la mort de Louis, et il insulta son cercueil.

Saint-Simon n'a pas toujours été juste envers lui ; il lui reproche de s'être trop laissé gouverner ; peu de Rois l'ont été moins que lui; d'avoir trop souvent élevé au rang de ministres des hommes d'une naissance obscure, de s'être trop assujéti à l'ordre du tableau dans la distribution des grades militaires. Ce sont des éloges plutôt que des critiques. Mais Saint-Simon a cent fois raison quand il lui reproche ce despotisme qui avilit les hommes et veut commander aux consciences, les guerres sans motifs sérieux, les folles dépenses, l'élévation des bâtards adultérins aux prérogatives des princes du sang, au mépris des lois fondamentales de l'état, et de celles de la religion et de la morale.

Nous aimons qu'à chaque fiction s'attache une moralité; ne saurions-nous en tirer aucune des faits réels ?

Dans les quatorze siècles de son histoire, la France compte trois grandes époques qu'on peut appeler ses âges héroïques : les règnes de Charlemagne , de Louis XIV et de Napoléon.

Charlemagne fait la conquête de la Germanie et de l'Italie ; il recommence l'empire d'Occident ; il rallume autant qu'il est en lui le flambeau de la civilisation ; il meurt dans toute sa gloire , non sans prévoyance de malheurs futurs. Après lui les ressorts du gouvernement se détendent. Bientôt l'empire est démembré ; les barbares le ravagent , l'anarchie le dévore , et la race de Charlemagne s'éteint sans gloire.

Louis XIV fait trembler l'Europe et aggrandit la France ; il tient le sceptre des mers. Les lettres et les arts brillent du plus vif éclat ; il voit, avant sa mort , ses armées éprouver de sanglantes défaites , sa marine détruite , l'Angleterre faisant combler ses ports. Capitaines , hommes d'état , poètes , orateurs , tous ont disparu sans laisser presque aucun successeur.

La vie de Napoléon est une suite de triomphes ; il entre en vainqueur dans toutes les capitales. Les chefs des vieilles dynasties composent sa cour. Après quinze ans de règne , ses armées sont détruites , la France subit deux invasions ; elle abandonne toutes les conquêtes et elle est forcée de racheter son territoire. Napoléon ne peut transmettre l'empire à son fils et meurt dans la captivité.

De ces rapides triomphes , de ces catastrophes subites , ne pourrait-on tirer les moralités suivantes ?

Les grands empires créés promptement se dissolvent de même ; ce n'est que par une formation lente que leurs diverses parties peuvent se lier ensemble.

L'acquisition d'un grand territoire et d'une influence exclusive n'a lieu que par la ruine ou l'humiliation des états voisins , et ce dernier outrage surtout se pardonne rarement.

Les conquêtes ne s'obtiennent qu'avec de l'or et

du sang, il faut beaucoup de l'un et de l'autre pour les conserver, et même pour les perdre. Ne serait-il pas sage, avant de les entreprendre, d'établir une espèce de balance, entre les profits, les dépenses et surtout les risques.

Ces vérités, dira-t-on, sont de purs lieux communs. En sont-ils moins des vérités ? En tient-on plus de compte ?

Deux peuples, l'un ancien, l'autre moderne ont acquis une grande puissance et de grands territoires. L'empire du premier s'est longtemps conservé. Le second se conserve et s'accroît encore. Je parle de Rome et de l'Angleterre.

Sans entrer dans le détail de toutes les causes qui ont amené un résultat si contraire à ceux qui ont eu lieu chez nous, ne pourrait-on tirer de ce fait une autre moralité qui aurait passé aussi pour un lion commun, il y a quelques années ! Les grands empires ne sont durables que lorsque leur conservation, leur accroissement et leur défense ont été l'œuvre même de la nation conquérante. Lorsqu'ils sont celle d'un seul homme, la chute est presque inévitable ; quand la vie ou la capacité de cet homme viennent à faillir, l'empire subit le même déclin.

## SIXIEME PARTIE.

Quelques mots encore sur Saint-Simon.

On peut justement reprocher à ses mémoires de fastidieux détails d'étiquette. On désirerait aussi qu'il nous fît plus souvent connaître l'état des provinces. En cela il était de son siècle. Les questions de Cour, de guerre, de diplomatie, étaient les seules dont s'occupaient les hommes publics, à l'exception de Colbert et de Vauban.

Après la mort de Louis XIV, Saint-Simon, jusqu'alors simple spectateur, prit part aux affaires publiques, soit comme membre des conseils de régence, soit comme ambassadeur en Espagne, soit surtout comme ami du duc d'Orléans, qui ne cessa de lui témoigner de la confiance; il eut le mérite de rester pur au milieu de cette Cour corrompue.

Il donna des conseils qui furent rarement suivis. Tous ne furent pas également heureux; en voici un exemple: le Régent, à qui on peut reprocher, outre ses débauches, de grandes fautes en administration, avait cependant de l'étendue dans l'esprit et de la générosité dans le caractère; il avait été frappé, comme beaucoup d'hommes éclairés de son temps, de ce qu'il y avait d'odieux et d'impolitique dans les édits contre les protestants; il eut la pensée de révoquer la funeste mesure de Louis XIV, et consulta Saint-Simon, qui l'en dissuada. Sans discuter, sans exposer même les motifs allégués par ce dernier, je dois déclarer qu'ils m'ont paru n'avoir rien de solide. Saint-Simon avait, plus que tout autre, blâmé les édits de Louis XIV; comme membre des conseils de régence, il avait reconnu souvent, et il le déclare lui-même, l'impossibilité d'appliquer des lois oppressives et contradictoires; l'inconvénient d'introduire dans l'État une religion nouvelle n'existait pas, puisque personne n'ignorait que les protestants restés en France, et qu'on appelait les nouveaux convertis, ne l'avaient jamais été réellement; il ne s'agissait donc que de faire cesser une fiction qui servait de motif ou de prétexte à des persécutions que ne justifiaient ni l'intérêt de l'état ni l'opinion du siècle; en même temps, on aurait rappelé un assez grand nombre de français qui n'avaient pas encore oublié leur patrie, et avec eux quelques capitaux et quelques industries. Il est d'autant plus à regretter que Saint-Simon ait détourné le duc d'Orléans de sa première et généreuse inspiration, que sous le ministère qui suivit celui du duc de Bourbon, la rigueur des édits de Louis XIV fut encore aggravée.

Si on doit regretter que, dans cette circonstance, le conseil de Saint-Simon ait été suivi, on peut regretter aussi qu'il ne l'ait pas été pour une mesure peut-être plus importante. Avant la mort de Louis XIV, il avait persuadé au duc d'Orléans de convoquer les états-généraux du royaume, dès qu'il parviendrait au trône ou à la régence ; mais, soit par l'effet d'autres influences, soit par celui de ses propres réflexions, ce prince, devenu régent, abandonna sa première résolution, sans que les efforts de Saint-Simon pussent l'y ramener.

Nos assemblées nationales, qu'on n'avait plus réunies depuis 1614, n'avaient jamais amené, il est vrai, les bons résultats qu'on pouvait en attendre ; l'esprit qui s'y était manifesté avait été cependant, en général, favorable aux intérêts de la nation et de la royauté, et on ne pouvait, avec justice, leur imputer le peu de suite qui avait été donné à leur plus sages délibérations. Quelles auraient été les conséquences de la convocation que désirait si ardemment Saint-Simon? C'est une question difficile, et, jusqu'à un certain point, oiseuse. Toutefois, en l'abordant sans l'approfondir, on peut présumer que si on n'avait pas alors obtenu les grands résultats du mouvement de 1789, on aurait évité, du moins, les crimes et les calamités qui vinrent à sa suite. A la mort de Louis XIV, le siècle n'avait pas encore subi l'influence d'une philosophie imbue à la fois de principes irréligieux, d'idées utiles et généreuses, et de systèmes souvent dangereux ou impraticables. La royauté avait pu être l'objet de critiques et même de haines ; mais elle n'avait pas inspiré le sentiment bien plus dangereux du mépris qui fut la conséquence de la vie privée de Louis XV et de sa honteuse inertie. On commençait cependant dès lors à comprendre la nécessité de poser quelques bornes à un pouvoir absolu dont on avait beaucoup souffert, et à ramener un peu d'ordre dans les finances. Si ces résultats avaient été obtenus, on peut croire que la grande commotion de la fin du siècle dernier aurait été évitée ou du moins notablement affaiblie.

Quoiqu'il en soit, il est certain que, si le conseil de Saint-Simon avait été suivi, son caractère et ses idées politiques le rendaient éminemment impropre au rôle de médiateur entre les ordres, entre ceux-ci et la royauté. De plus, un homme d'état, dans le XVIIIme siècle, devait nécessairement tenir beaucoup de compte de l'influence croissante des gens de lettres, soit pour combattre leurs idées quand elles étaient dangereuses, soit pour les adopter quant elles étaient utiles ; c'est ce qu'on ne fit pas assez, et ce que Saint-Simon aurait fait moins que tout autre ; il est évident, par le silence qu'il garde à l'égard des écrivains et de leurs ouvrages, qu'il n'accordait aucune attention aux productions littéraires, même quand elles avaient la politique pour objet ; en 1721, Montesquieu publiait ses *Lettres Persannes*, brillante et spirituelle inauguration de l'esprit nouveau ; elles eurent un très-grand succès, et cependant ni le nom de Montesquieu, ni celui de son ouvrage, ne sont écrits dans les mémoires de Saint-Simon. On n'y lit qu'une seule phrase sur Voltaire, la voici :

« Aronet, fils d'un notaire, qui l'a été de mon
» père et de moi jusqu'à sa mort, fut exilé et envoyé
» à Tulle, pour des vers fort satyriques et fort im-
» pudents. Je ne m'amuserais pas à marquer une si
» petite bagatelle, si ce même Aronet, devenu grand
» poète et académicien, sous le nom de Voltaire,
» n'était devenu, à travers force aventures tragiques,
» une manière de personnage dans la république des
» lettres, et même une manière d'important parmi un
» certain monde. »

Saint-Simon écrivait ses mémoires en 1745. A cette
époque, Voltaire avait publié la Henriade, ses plus
belles tragédies, l'histoire de Charles XII et beaucoup d'autres ouvrages. Quelque opinion que pût
avoir Saint-Simon de l'homme et de l'écrivain, il est
évident que, sans son dédain pour les gens de lettres,
il aurait parlé de Voltaire moins légèrement et moins
brièvement.

Saint-Simon a donc été tout ce qu'il pouvait être,
un excellent observateur et un peintre admirable ;
c'est assez pour sa renommée ; il a possédé, de plus,
une ame noble et un caractère indépendant, ce qui,
surtout à certaines époques, n'est pas un médiocre
titre d'éloge.

Nimes, Typ. C. Durand-Belle, place du Château, 10.

9 782012 987685